UN CÓMIC INSPIRADOR DE UNA AUTORA DE CATORCE AÑOS

SpotZ el francesito™

Ha sido un cachorro travieso...

Kiara Shankar
Vinay Shankar

Copyright © 2022 by Vinay Shankar. All rights reserved. Published by VIKI Publishing®, San Francisco, California, USA. No part of this publication may be reproduced, distributed, or transmitted in any form or by any means, including photocopying, recording, or other electronic or mechanical methods whatsoever, without the prior written permission of the publisher. Except in the case of brief quotations embodied in critical reviews and certain other noncommercial uses permitted by copyright law.

Library of Congress Control Number: 2022910082

ISBN (English Edition):
978-1-950263-80-6 (eBook)
978-1-950263-81-3 (Paperback)
978-1-950263-82-0 (Hardcover)

ISBN (Spanish Edition):
978-1-950263-83-7 (eBook)
978-1-950263-84-4 (Paperback)

First Edition: Jun 2022. Published by VIKI Publishing®, San Francisco, California, USA.

Autores:

Kiara Shankar & Vinay Shankar

www.vikipublishing.com

También por Kiara Shankar y Vinay Shankar

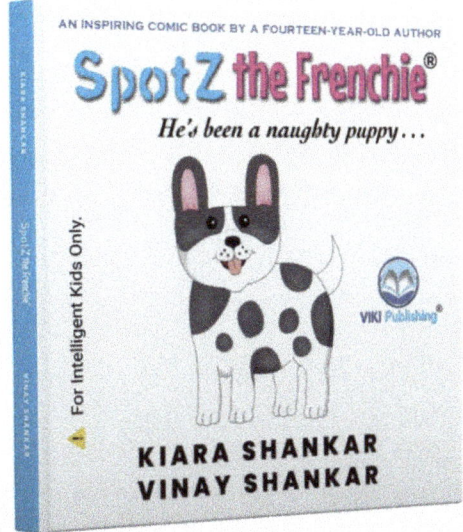

Tabla de contenido

- Introducción
- Guía de SpotZ para divertirte cuando tu dueño no está cerca
- Guía de SpotZ para divertirse en los viajes en auto
- Guía de SpotZ para divertirse en el centro comercial
- Guía de SpotZ para cuidar bebés
- Entendamos las emociones de los perros
- ¿Tienes vacaciones próximamente?
- Lo que se debe y lo que no se debe hacer al ir a la escuela
- ¿Tienes hambre? ¡Hazte un favor!
- ¡Traigamos un poco de paz a nuestro mundo!
- ¿Eres demasiado ansioso en la escuela? ¡Déjame ayudarte!
- Hora de celebrar Navidad, Cinco de Mayo, Ramadán, Diwali, Kwanzaa y más festivales, todos juntos
- ¿Ricos y pobres? No veo la diferencia
- ¿Buscas un par de anteojos perfectos que te encanten? No te preocupes, yo me encargo
- Déjame hacer el papel de un maestro hoy. Guau... Guau... ¡Que interesante!
- Déjame cambiar de escenario y enseñarte algunas cosas inteligentes
- ¡Lista de deseos de SpotZ! ¿Tienes una?
- Guía de SpotZ para combatir el coronavirus
- Consejos de SpotZ para lograr tus objetivos
- Estas lecciones de vida te darán disciplina, ¡te lo digo yo!
- ¡La creatividad te hará brillar!
- Alertas de Spotz
- Consejos de SpotZ para hornear
- Hora del yoga
- ¡Juguemos a dibujar animaciones!
- ¿Quién dejó salir a SpotZ?
- ¡Cómo dibujar a SpotZ en 12 pasos facilísimo!
- Todo sobre SpotZ
- Acerca de los autores

Mi nombre es SpotZ el francesito. Nací en un pueblo remoto en las afueras del sur de Francia. Fui adoptado por una niña amante de los perros, Kiara, y su papá, Vinay. No los llamo mis padres, pero los llamo mis mejores amigos. Ahora vivo con mis mejores amigos en un pequeño pueblo cerca de San Francisco, California, EE. UU.
Disfruto mi vida todos los días leyendo libros, jugando con mis amigos, comiendo deliciosa comida y dando un paseo en el parque "Bark & Ride" todas las noches. En mi tiempo libre, escribo libros. ¡Sí, escuchaste bien! Escribo libros para compartir mi gran conocimiento con todos los niños y amantes de los perros. También hago música. Es magnífico, ¿verdad?

Puedes seguirme en Instagram @spotz.theFrenchie
¡Escucha mi música en Spotify, Amazon Music, Apple Music, YouTube y más!
Bueno, basta de presumir. Te dejaré seguir leyendo mi libro...
Tengo que ir a ladrar al parque. ¡Te veo luego!

Asalta el refrigerador en busca de comida chatarra.

Vístete con la ropa de tu dueño.

Relájate en la taza del inodoro.

Salta sobre la cama hasta que te canses.

Guía de SpotZ para divertirse en los viajes en auto

Guía de SpotZ para cuidar bebés

FELIZ: Cuando muevo la cola.

ENOJADO: Cuando ladro.

TRISTE: Cuando lloro.

CELOSO: Cuando arrugo la frente y saco la lengua.

Toma el sol hasta broncearte.

¡Hora de surfear!

Irrumpe en una fiesta de voleibol de playa.

Relájate con bebida de coco.

Lo que se debe y lo que no se debe hacer al ir a la escuela

Prohíbe las drogas y las armas para hacer del mundo un lugar más seguro.

¡Unámonos para hacer el bien!

¿Eres demasiado ansioso en la escuela? ¡Déjame ayudarte!

Hora de celebrar Navidad, Cinco de Mayo, Ramadán, Diwali, Kwanzaa y más festivales, todos juntos

¿Ricos y pobres? No veo la diferencia

¿Buscas un par de anteojos perfectos que te encanten?
No te preocupes, yo me encargo.

NERDY:
¡Si quieres ser un intelectual!

DIVA DE LA MODA:
Si quieres parecer una celebridad.

ZOMBI ATERRADOR:
Si quieres asustar a los gatos.

ABUELITA:
¡Si quieres parecer una persona mayor... bueno, a tu abuela!

Déjame hacer el papel de un maestro hoy.
Guau… Guau… ¡Que interesante!

Déjame cambiar de escenario y enseñarte algunas cosas inteligentes

⚠️ ¡Este capítulo es solo para niños y niñas inteligentes!

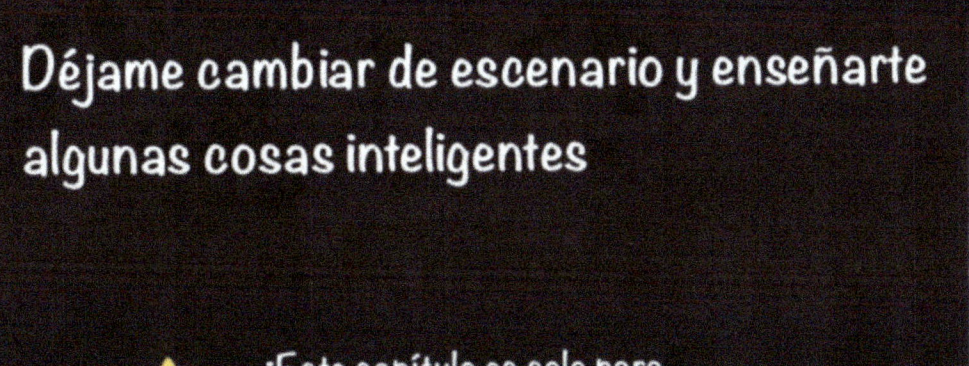

Desayuno en la cama.

EL SPA PARA PERROS

¡Disfrutar de masajes en la panza ilimitados!

Guía de Spot2 para combatir el coronavirus

Lávate y desinfecta tus manos con más frecuencia.

"Hola Spot2, ven. ¡Reunámonos para jugar!"

"Lo siento, pero prefiero quedarme en cuarentena y leer un libro."

Practica el distanciamiento social.

Quédate en casa: mira PUPFLIX todo el día.

Repite.

Consejos de SpotZ para lograr tus objetivos

OMD!

Oh My Dog! (¡Ay, perro mío!)

Beverly Hills DOG CARE

"Ay Dios mío."

"GUAU..."

"GUAU..."

¿Quién dejó salir a los perros?

Estas lecciones de vida te darán disciplina, ¡te lo digo yo!

¡Ay!

PELEAR o HUIR: ¡Elige siempre huir de los gatos!

La vida es desafiante a veces, pero
I DONUT care!

SpotZ the Frenchie®

¡La creatividad te hará brillar!

Consejos de SpotZ para hornear

Ardilla asustada

Hora de bailar

Corredor de temporada

Ardilla asustada

Hora de bailar

Corredor de temporada

SpotZ the Frenchie®

¡Cómo dibujar a SpotZ en 12 pasos facilísimo!

   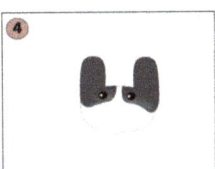

Próximamente

Learn more at: www.vikipublishing.com

Todo sobre SpotZ

Comida favorita: comida chatarra

Bebida favorita: SpotZiccino

Deporte favorito: Ir a buscar

Animal favorito: ¡PERRO!

Libro favorito: SpotZ el francestro

Fecha de nacimiento: 16 de marzo de 2019

Mejores amigos: Kiara Shankar y Vinay Shankar

¿Qué quiero llegar a ser?: astronauta, consejero de vida, autor, cantante, etc.

Color favorito: Azul

Parque favorito: Bark & Ride

Película favorita: ¿Quién dejó a SpotZ out?

Acerca de los autores:

Kiara Shankar es una talentosa autora/compositora de catorce años de San Francisco, California, EE. UU. Además de escribir libros y canciones, le encanta la lectura y el arte. Sus libros recientes, La maldición de Primarosa y Avocado la Tortuga, han sido publicados en catorce idiomas diferentes, incluidos inglés, español, alemán, italiano, francés, chino, hindi, tamil, kannada y más.

Vinay Shankar es un profesional del software que se inspiró en la idea de su hija de escribir libros y canciones y decidió coescribirlos con ella. ¡El esfuerzo colaborativo del dúo está ayudando a dar vida a grandes ideas! Los éxitos pop escritos por el dúo de padre e hija, cantados por los cantantes Primrose Fernetise, Francesca Shankar, Vin Cooper, Marla Malvins y SpotZ The Frenchie, ahora se transmiten en Spotify, Apple Music, YouTube Music, Amazon Music, Deezer y más plataformas de música digital.

Para obtener más detalles, visita el sitio web de la editorial: www.vikipublishing.com

A place where ideas become reality!

Books | Music | Games | Branded Merchandise